Made in U.S.A.

*Mit den niedlichen deutschen Plätzchen haben
kernige amerikanische Cookies wenig zu tun.
Klar, denn sie sind oft nicht nur als Naschwerk
gedacht, sondern als richtige Mahlzeit: ein
Glas Milch, zwei, drei herzhafte Cookies –
mehr ist meistens gar nicht nötig.*

*Cookies sind nicht nur für Kids gedacht, gera-
de Erwachsene schätzen an der amerikanischen Form des süßen Knabbergebäcks den
Biß: die Befriedigung, wirklich etwas zum
Kauen zwischen den Zähnen zu haben. Deshalb sind Cookies in Amerika auch das ganze
Jahr gefragt, und nicht nur an Weihnachten.*

Chocolate-Chip-Cookies

Der Klassiker unter den amerikanischen Cookies.

Berühmtes Rezept

Zutaten für etwa 30 Cookies:
280 g Zucker
40 g Zuckerrübensirup
200 g weiche Butter
2 Eier
400 g Mehl
1 Teel. Natron
1 Teel. Vanillepulver
1 Teel. Salz
300 g Zartbitter-Schokolade

• Zubereitungszeit: 30 Minuten
• Backzeit: 15 Minuten pro Blech

Bei 30 Stück pro Stück etwa:
627 kJ/150 kcal

Damit die Cookies noch mehr Biß bekommen, den Teig in einen luftdicht abgeschlossenen Behälter geben und mindestens 24 Stunden in den Kühlschrank stellen.

1

Den Zucker und den Zuckerrübensirup in einer Rührschüssel zuerst mit dem Handrührgerät, dann mit den Fingern so lange vermischen, bis keine Klumpen mehr vorhanden sind. Die weiche Butter unterrühren (Seite 18). Die Eier hinzufügen und alles gut verrühren.

2

In einer zweiten Schüssel Mehl, Natron, Vanillepulver und Salz mit dem Schneebesen verrühren und zu der Buttermischung geben. Alles zu einem weichen Teig verrühren (Seite 18).

3

Den Backofen auf 180° vorheizen. Die Schokolade in kleine Stücke schneiden, zum Teig geben und kurz unterrühren.

4

Das Backblech mit Backpapier auslegen. Den Teig mit einem Eßlöffel portionsweise abstechen, zu Kugeln formen und auf das Blech geben. Die Kugeln sollten 8 cm Abstand voneinander haben.

5

Die Cookies im Backofen (Mitte, Umluft 160°) 15 Minuten backen, bis die Ränder hellbraun sind. Die Cookies auf dem Blech abkühlen lassen.

Rosinen-Cookies

Haferflocken und Rosinen sorgen für ein herzhaftes Cookie-Vergnügen.

Raffiniert

Zutaten für etwa 20 Cookies:
100 g Rosinen
150 g Zucker
20 g Zuckerrübensirup
110 g weiche Butter
1 Ei
125 g Haferflocken
100 g Mehl
1 Teel. Natron
1 Teel. Backpulver
1/2 Teel. Vanillepulver
1/2 Teel. Zimt
1/4 Teel. gemahlene Muskatnuß

• Zubereitungszeit: 30 Minuten
• Backzeit: 15 Minuten pro Blech

Bei 20 Stück pro Stück etwa:
1635 kJ/391 kcal

Rosinen-Cookies haben noch mehr Biß, wenn Sie 50 g Haselnußstückchen mit den Rosinen in den Teig geben.

1

Die Rosinen in einer Schüssel heiß waschen, dabei das Wasser mehrmals erneuern. Zum Trocknen kurz auf ein Küchentuch legen.

2

Den Zucker und den Zuckerrübensirup in einer Rührschüssel zuerst mit dem Handrührgerät, dann mit den Fingern so lange vermischen, bis keine Klumpen mehr vorhanden sind. Die weiche Butter unterrühren (Seite 18). Das Ei hinzufügen und alles gut verrühren.

3

Den Backofen auf 180° vorheizen. In einer zweiten Schüssel Haferflocken, Mehl, Natron, Backpulver, Vanillepulver, Zimt und Muskatnuß mit dem Schneebesen verrühren und mit den Rosinen zur Buttermischung geben. Alles zu einem weichen Teig verrühren (Seite 18).

4

Das Backblech mit Backpapier auslegen. Den Teig mit einem Eßlöffel portionsweise abstechen, zu Kugeln formen und auf das Blech geben. Die Kugeln sollten 8 cm Abstand voneinander haben.

5

Die Cookies im Backofen (Mitte, Umluft 160°) 15 Minuten backen, bis die Ränder hellbraun sind. Die Cookies auf dem Blech abkühlen lassen.

Erdnußbutter-Cookies

Cookies mit köstlichem Erdnuß-Geschmack.

Typisch amerikanisch

Zutaten für etwa 20 Cookies:
200 g Zucker
10 g Zuckerrübensirup
180 g weiche Butter
1 Ei
250 g Erdnußbutter
150 g Mehl
1/2 Teel. Natron
1/4 Teel. Salz
1/2 Teel. Vanillepulver

• Zubereitungszeit: 30 Minuten
• Ruhezeit: 1 Stunde
• Backzeit: 15 Minuten pro Blech

Bei 20 Stück pro Stück etwa:
807 kJ/208 kcal

Legen Sie vor dem Backen ein Fünfmarkstück großes Stück Schokolade auf jedes Cookie.

Den Zucker und den Zuckerrübensirup in einer Rührschüssel zuerst mit dem Handrührgerät, dann mit den Fingern so lange vermischen, bis keine Klumpen mehr vorhanden sind. Die weiche Butter unterrühren (Seite 18). Das Ei und die Erdnußcreme hinzufügen und alles gut verrühren.

In einer zweiten Schüssel Mehl, Natron, Salz und Vanillepulver mit dem Schneebesen verrühren und zu der Buttermischung geben. Alles zu einem weichen Teig verrühren (Seite 18). Den Teig zugedeckt 1 Stunde im Kühlschrank ruhen lassen.

Den Backofen auf 180° vorheizen. Das Backblech mit Backpapier auslegen. Den Teig mit einem Eßlöffel portionsweise abstechen, zu Kugeln formen und auf das Blech geben. Die Kugeln sollten 8 cm Abstand voneinander haben. Die Teigkugeln mit einer Gabel zweimal kreuzweise flachdrücken, so daß sie 1 cm dick sind und sich ein hübsches Gittermuster ergibt.

Die Cookies im Backofen (Mitte, Umluft 160°) 15 Minuten backen, bis die Ränder hellbraun sind. Die Cookies auf dem Blech abkühlen lassen.

M & M-Cookies

Cookies mit buntem Farbeffekt – die perfekte Geburtstagsüberraschung.

Für Kinder

Zutaten für etwa 30 Cookies:
300 g Zucker
40 g Zuckerrübensirup
200 g Margarine
2 Eier
380 g Mehl
1 Teel. Natron
1/2 Teel. Salz
1 Teel. Zimt
250 g M & Ms (oder Smarties)

• Zubereitungszeit: 30 Minuten
• Backzeit: 15 Minuten pro Blech

Bei 30 Stück pro Stück etwa:
746 kJ/178 kcal

Statt die M & Ms oder Smarties unter den Teig zu rühren, können Sie den Teig auch über Nacht in einem luftdichten Behälter in den Kühlschrank stellen. Am nächsten Tag wie in Schritt 4 verfahren, die Kugeln danach mit dem Handballen flachdrücken und mit den M & Ms oder Smarties dekorieren. Ein toller Spaß für die Kleinen!

Den Zucker und den Zuckerrübensirup in einer Rührschüssel zuerst mit dem Handrührgerät, dann mit den Fingern so lange vermischen, bis keine Klumpen mehr vorhanden sind (Seite 18). Die Margarine unterrühren. Die Eier hinzufügen und alles gut verrühren.

Den Backofen auf 180° vorheizen. In einer zweiten Schüssel Mehl, Natron, Salz und Zimt mit dem Schneebesen verrühren und zu der Margarinemischung geben. Alles zu einem weichen Teig verrühren (Seite 18).

Die M & Ms in den Teig streuen und kurz untermischen.

Das Backblech mit Backpapier auslegen. Den Teig mit einem Eßlöffel portionsweise abstechen, zu Kugeln formen und auf das Blech geben. Die Kugeln sollten 8 cm Abstand voneinander haben.

Die Cookies im Backofen (Mitte, Umluft 160°) 15 Minuten backen, bis die Ränder hellbraun sind. Die Cookies auf dem Blech abkühlen lassen.

Schoko-Nuß-Cookies

Cookies auf die feine Art, mit weißer Schokolade und Macadamianüssen.

Etwas teurer

Zutaten für etwa 20 Cookies:
160 g Zucker
15 g Zuckerrübensirup
115 g weiche Butter
1 Ei
230 g Mehl
1/2 Teel. Natron
1/2 Teel. Salz
1 Teel. Vanillepulver
125 g Macadamianüsse (siehe Seite 34, oder Cashewkerne)
200 g weiße Schokolade

• Zubereitungszeit: 40 Minuten
• Backzeit: 15 Minuten pro Blech

Bei 20 Stück pro Stück etwa:
761 kJ/182 kcal

Backpapier ist ganz wichtig beim Backen von Cookies. Wenn Sie Ihr Backblech nicht damit auslegen, bleiben die Cookies kleben. Wenn Sie das Backblech einfetten, werden die Cookies zu weich.

1

Den Zucker und den Zuckerrübensirup in einer Rührschüssel zuerst mit dem Handrührgerät, dann mit den Fingern so lange vermischen, bis keine Klumpen mehr vorhanden sind. Die weiche Butter unterrühren (Seite 18). Die Eier hinzufügen und alles gut verrühren.

2

In einer zweiten Schüssel Mehl, Natron, Salz und Vanillepulver mit dem Schneebesen verrühren und zu der Buttermischung geben. Alles zu einem weichen Teig verrühren (Seite 18).

3

Den Backofen auf 180° vorheizen. Die Macadamianüsse und die weiße Schokolade grob hacken, in den Teig geben und kurz untermischen.

4

Das Backblech mit Backpapier auslegen. Den Teig mit einem Eßlöffel portionsweise abstechen, zu Kugeln formen und auf das Blech geben. Die Kugeln sollten 8 cm Abstand voneinander haben.

5

Die Cookies im Backofen (Mitte, Umluft 160°) 15 Minuten backen, bis die Ränder hellbraun sind. Die Cookies auf dem Blech abkühlen lassen.

apier
en mehr – alles bleibt sauber!
heat resistant up to
ng paper
g not necessary - no sticking!

Double-Chocolate-Cookies

Dekorativ mit weißen Schokostückchen in dunklem Schokoladenteig.

Raffiniert

Zutaten für etwa 20 Cookies:
90 g Butter
285 g Zartbitter-Schokolade
2 Eier
1 Eßl. Espressopulver (wasserlöslich)
140 g Zucker
90 g Mehl
1 Teel. Backpulver
1 Prise Salz
1 Teel. Vanillepulver
200 g weiße Schokolade

• Zubereitungszeit: 40 Minuten
• Ruhezeit: 1 Stunde
• Backzeit: 17 Minuten pro Blech

Bei 20 Stück pro Stück etwa:
845 kJ/202 kcal

Schmeckt besonders lecker, wenn Sie 100 g kleingehackte Vollmilchschokolade mit den weißen Schokoladenstückchen in den Teig geben.

1

Die Butter und die Zartbitter-Schokolade im Wasserbad schmelzen (Seite 19) und kurz abkühlen lassen.

2

In einer zweiten Schüssel die Eier und das Espressopulver verrühren, bis sich das Pulver aufgelöst hat. Den Zucker dazugeben und weiterrühren, bis er sich ebenfalls aufgelöst hat. Dann erst die Buttermischung unterrühren.

3

In einer dritten Schüssel Mehl, Backpulver, Salz und Vanillepulver mit dem Schneebesen verrühren. Mit der Espresso-Schokoladenmischung zu einem weichen Teig vermischen (Seite18).

4

Die weiße Schokolade in kleine Stücke hacken, zum Teig geben und kurz umrühren. Den Teig 1 Stunde zugedeckt ruhen lassen.

5

Den Backofen auf 160° vorheizen. Das Backblech mit Backpapier auslegen. Den Teig mit einem Eßlöffel portionsweise abstechen und auf das Blech geben. Die Teighäufchen sollten 8 cm Abstand voneinander haben.

6

Die Cookies im Backofen (Mitte, Umluft 140°) 17 Minuten backen, bis sie leicht glänzen. Die Cookies auf dem Blech abkühlen lassen.

Makronen-Cookies

Schokoladen-Makronen auf amerikanische Art.

Gelingt leicht

Zutaten für etwa 20 Cookies:
50 g Butter
100 g Zartbitter-Schokolade
50 g Kakaopulver (ohne Zucker)
2 Eiweiß
100 g Zucker
1 Teel. Vanillepulver
200 g Kokosraspel

• Zubereitungszeit: 30 Minuten
• Backzeit: 12 Minuten pro Blech

Bei 20 Stück pro Stück etwa:
498 kJ/119 kcal

Erfahrene Cookie-Bäcker benützen ein elektrisches Handrührgerät für die Teigherstellung. Das geht einfacher, und die Kinder können anschließend die Rühraufsätze abschlecken.

Die Butter und die Zartbitter-Schokolade im Wasserbad schmelzen (Seite 19) und kurz abkühlen lassen. Das Kakaopulver unterrühren.

In einer zweiten Schüssel die Eiweiße mit dem Handrührgerät schaumig schlagen. Beginnt der Schaum steif zu werden, den Zucker langsam einrieseln lassen. Weiterschlagen, bis die Mischung dick und cremig ist und sich der Zucker ganz aufgelöst hat.

Den Backofen auf 180° vorheizen. Das Vanillepulver und die geschmolzene Schokoladenmischung zu dem Eischnee geben und alles vorsichtig verrühren. Zum Schluß die Kokosraspel untermischen.

Das Backblech mit Backpapier auslegen. Den Teig mit einem Eßlöffel portionsweise abstechen, zu etwa 3 cm dicken Kugeln formen und auf das Blech geben. Die Kugeln sollten 8 cm Abstand voneinander haben.

Die Cookies im Backofen (Mitte, Umluft 160°) 12 Minuten backen, bis sie eine hellbraune Kruste bekommen. Sie sollten aber innen noch weich sein. Die Cookies auf dem Blech abkühlen lassen.

Brauner Zucker selbstgemacht

Teig zubereiten

1 Zucker und Zuckerrübensirup in eine Schüssel geben und mit dem Handrührgerät auf mittlerer Stufe verquirlen, bis sich die Zutaten gründlich vermischt haben.

1 Harte Butter vor dem Einrühren in Stücke schneiden und weich werden lassen. Weiche Butter und Zucker mit dem Handrührgerät so lange verrühren, bis keine Klumpen mehr übrig sind.

2 Die letzten Klumpen mit den Fingern zerdrücken. Der braune Zucker soll völlig klumpenfrei sein.

2 Der Cookieteig darf nicht zu lange gerührt werden, sonst werden die Cookies zu zäh. Sobald die letzten Mehlspuren im Teig verschwunden sind, können Sie mit dem Rühren aufhören.

Schokolade schmelzen

1 Die Schokolade mit einem Küchenmesser in erbsengroße Stücke schneiden, damit sie schneller und gleichmäßiger schmelzen kann.

2 Schokolade im Wasserbad schmelzen: Topf in heißes, aber nicht kochendes Wasser stellen und so lange rühren, bis die Schokolade schmilzt. Achtung: Sie darf nicht kochen!

Teig einfrieren

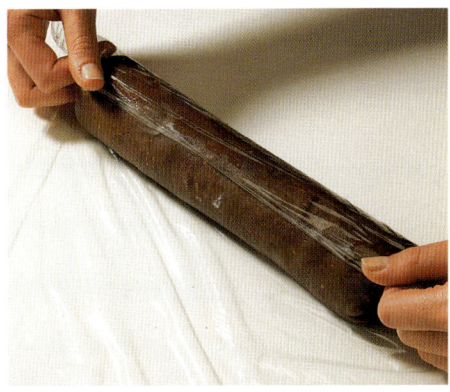

1 Cookies aus gefrorenem Teig haben mehr »Biß«. Teig 30 Minuten in den Kühlschrank stellen, zu einer 5 cm dicken Rolle formen, in Folie wickeln und ins Gefrierfach legen.

2 Teig gerade soweit auftauen lassen, daß er sich schneiden läßt. Mit einem Messer 1 cm dicke Scheiben abschneiden und auf ein mit Backpapier ausgelegtes Backblech legen.

Ingwer-Cookies

Eine würzige Cookie-Variante mit einem Hauch Ingwer.

Gelingt leicht

Zutaten für etwa 25 Cookies:
80 g Rosinen
190 Zucker
30 g Zuckerrübensirup
140 g weiche Butter
2 Eier
130 ml Milch
310 g Mehl
1/2 Teel. Salz
1/2 Teel. Natron
1 Teel. gemahlene Muskatnuß
1 Teel. Zimt
1/2 Teel. gemahlener Ingwer

• Zubereitungszeit: 25 Minuten
• Backzeit: 12 Minuten pro Blech

Bei 25 Stück pro Stück etwa:
565 kJ/135 kcal

Cookieteig läßt sich problemlos im Kühlschrank 1 Woche lang aufheben, im Gefrierfach sogar 1 Monat.

1

Die Rosinen in einer Schüssel heiß waschen, dabei das Wasser mehrmals erneuern. Zum Trocknen kurz auf ein Küchentuch legen.

2

Den Zucker und den Zuckerrübensirup in einer Rührschüssel zuerst mit dem Handrührgerät, dann mit den Fingern so lange vermischen, bis keine Klumpen mehr vorhanden sind. Die weiche Butter unterrühren (Seite 18). Die Eier und die Milch hinzufügen und alles gut verrühren, bis die Mischung cremig ist.

3

Den Backofen auf 180° vorheizen. In einer zweiten Schüssel Mehl, Salz, Natron, Muskatnuß, Zimt und Ingwer mit dem Schneebesen verrühren und zu der Buttermischung geben. Dann alles zu einem weichen Teig verrühren (Seite 18). Zum Schluß die Rosinen untermischen.

4

Das Backblech mit Backpapier auslegen. Den Teig mit einem Eßlöffel portionsweise abstechen und im Abstand von 8 cm vom Löffel auf das Blech tropfen lassen.

5

Die Cookies im Backofen (Mitte, Umluft 160°) 12 Minuten backen, bis die Ränder hellbraun sind. Die Cookies auf dem Blech auskühlen lassen.

Kokosnuß-Cookies

Klassische Chocolate-Chip-Cookies mit köstlicher Kokosnuß.

Klassiker auf neue Art

Zutaten für etwa 25 Cookies:
220 g Zucker
15 g Zuckerrübensirup
200 g weiche Butter
2 Eier
340 g Mehl
1 Teel. Natron
1 Teel. Vanillepulver
150 g Kokosraspel
150 g Zartbitter-Schokolade

Bei 25 Stück pro Stück etwa:
862 kJ/206 kcal

• Zubereitungszeit: 30 Minuten
• Backzeit: 15 Minuten pro Blech

100 g Zartbitter-Schokolade in einem kleinen Topf auf dem Herd schmelzen lassen und die fertigen Cookies kurz eintauchen. Auf einem Kuchengitter oder einem Stück Alufolie auskühlen lassen.

1

Den Zucker und den Zuckerrübensirup in einer Rührschüssel zuerst mit dem Handrührgerät, dann mit den Fingern so lange vermischen, bis keine Klumpen mehr vorhanden sind. Die weiche Butter unterrühren (Seite 18). Die Eier hinzufügen und alles gut verrühren.

2

In einer zweiten Schüssel Mehl, Natron, Vanillepulver und Kokosraspel mit dem Schneebesen verrühren und zu der Buttermischung in die erste Schüssel geben. Gut unterrühren, bis sich die Zutaten zu einem weichen Teig vermischt haben (Seite 18).

3

Den Backofen auf 180° vorheizen. Die Schokolade in kleine Stücke schneiden, zum Teig geben und kurz unterrühren.

4

Das Backblech mit Backpapier auslegen. Den Teig mit einem Eßlöffel portionsweise abstechen, zu Kugeln formen und auf das Blech geben. Die Kugeln sollten 8 cm Abstand voneinander haben.

5

Die Cookies im Backofen (Mitte, Umluft 160°) 15 Minuten backen, bis die Ränder hellbraun sind. Die Cookies auf dem Blech abkühlen lassen.

Brownies

Luftiger als normale Cookies, zählen sie zu den Favoriten jedes Amerikaners.

Berühmtes Rezept

Zutaten für etwa 20 Brownies:
200 g Zartbitter-Schokolade
4 Eier
340 g Zucker
170 ml Öl
175 g Mehl
1/2 Teel. Salz
1 Teel. Backpulver
1 Teel. Vanillepulver
Fett für die Form

• Zubereitungszeit: 50 Minuten
• Backzeit: 20–25 Minuten

Bei 20 Stück pro Stück etwa:
950 kJ/227 kcal

Mit dem Mehl können Sie auch 100 g gehackte Walnüsse in den Teig geben.

1

Die Zartbitter-Schokolade im Wasserbad schmelzen (Seite 19) und kurz abkühlen lassen.

2

Den Backofen auf 180° vorheizen. In einer zweiten Schüssel die Eier mit dem Handrührgerät schaumig schlagen und dabei langsam den Zucker einrieseln lassen. So lange weiterschlagen, bis die Mischung dick und cremig ist und sich der Zucker ganz aufgelöst hat.

3

Das Öl und die geschmolzene Schokolade unterrühren.

4

In einer dritten Schüssel Mehl, Salz, Backpulver und Vanillepulver mit dem Schneebesen verrühren. Zu der Schokolade-Eierschaum-Mischung geben und vorsichtig von Hand unterrühren, bis sich die Zutaten zu einem weichen Teig vermengt haben.

5

Die Fettpfanne des Backofens oder eine Backform (etwa 40 x 28 cm) einfetten, den Teig 3 cm hoch einfüllen und mit einem Löffel glattstreichen. Wenn Ihre Fettpfanne zu groß ist, können Sie sie mit einem Rand aus Alufolie verkleinern. Im Backofen (Mitte, Umluft 160°) 20–25 Minuten backen. Auskühlen lassen und dann in 5 cm große Vierecke schneiden.

Knusperschnitten

Diese Artverwandten der Cookies werden nicht gebacken.

Schnell

Zutaten für etwa 30 Schnitten:
45 g Butter
280 g Marshmallows (siehe Seite 34)
180 g Rice Crispies (siehe Seite 34)
Fett für das Blech

• Zubereitungszeit: 20 Minuten

Bei 30 Stück pro Stück etwa:
268 kJ/64 kcal

Ein Backblech einfetten. Die Butter in einem Topf bei schwacher Hitze schmelzen lassen. Die Marshmallows dazugeben und köcheln lassen, bis sich die Marshmallows aufgelöst haben. Dabei ständig umrühren, damit nichts anbrennt.

2

Die Marshmallow-Mischung vom Herd nehmen und die Rice Crispies sofort unterrühren. Den Topfinhalt auf das Backblech gießen. Ein Stück Backpapier auf die Oberfläche legen und den Teig damit festdrücken und gut verteilen.

3

Auskühlen lassen und dann in 5 cm große Vierecke schneiden.

Statt Rice Crispies können Sie auch die gleiche Menge Cornflakes verwenden. Oder lassen Sie 120 g Zartbitter-Schokolade mit der Butter schmelzen.

Cookie-Riegel

Erdnuß-Fans freuen sich über diese
Cookie-Riegel mit Schokoüberzug.

Gelingt leicht

Zutaten für etwa 30 Riegel:
260 g Erdnußbutter
100 g weiche Butter
210 g Zucker
3 Eier
170 g Mehl
1/2 Teel. Salz
1 Teel. Vanillepulver
300 g Zartbitter-Schokolade
Fett für die Form

• Zubereitungszeit: 45 Minuten
• Backzeit: 25 Minuten

Bei 30 Stück pro Stück etwa:
740 kJ/177 kcal

Geben Sie zusammen mit den Schokostückchen noch 100 g gehackte Erdnüs-
se unter den Teig.

1

In einer großen Schüssel die Erdnußbutter und die Butter mit dem Handrührgerät vermischen. Den Zucker und die
Eier dazugeben und alles zu einem glat-
ten Teig verrühren.

2

Den Backofen auf 160° vorheizen. In
einer zweiten Schüssel Mehl, Salz und
Vanillepulver mit dem Schneebesen verrühren und zu der Erdnußbuttermi-
schung geben. Kurz von Hand unterrühren (Seite 18).

3

Die Zartbitter-Schokolade in kleine
Stückchen schneiden. 150 g in den Teig
streuen und unterrühren. Die Fettpfanne des Backofens oder eine Backform
(etwa 40 x 28 cm) einfetten und den
Teig 3 cm hoch einfüllen. Wenn Ihre
Fettpfanne zu groß ist, können Sie sie
mit einem Rand aus Alufolie verkleinern.

4

Den Teig im Backofen (Mitte, Umluft 140°) 25 Minuten backen. Aus dem
Backofen nehmen und die restlichen
Schokoladestückchen auf der Oberfläche verstreuen. Sobald die Schokostückchen geschmolzen sind, mit einem
Teigschaber gleichmäßig verteilen. In
der Form auskühlen lassen und dann in
5 cm große Vierecke schneiden.

Ranger-Cookies

Alles dran, alles drin: ein Rezept für richtige Cookie-Feinschmecker.

Etwas aufwendiger

Zutaten für etwa 30 Cookies:
380 g Zucker
25 g Zuckerrübensirup
225 g weiche Butter
2 Eier
3 Tropfen Zitronenaroma
280 g Mehl
1 Teel. Salz
1 Teel. Natron
60 g Cornflakes
75 g Haferflocken
80 g Kokosraspel

• Zubereitungszeit: 30 Minuten
• Backzeit: 15 Minuten pro Blech

Bei 30 Stück pro Stück etwa:
719 kJ/172 kcal

Noch gehaltvoller, wenn Sie mit den Haferflocken und Cornflakes zusätzlich 100 g gehackte Nüsse oder 100 g Schokostückchen in den Teig geben.

1

Den Zucker und den Zuckerrübensirup in einer Rührschüssel zuerst mit dem Handrührgerät, dann mit den Fingern so lange vermischen, bis keine Klumpen mehr vorhanden sind. Die weiche Butter unterrühren (Seite 18). Die Eier nacheinander hinzufügen und alles gut verrühren. Das Zitronenaroma untermischen.

2

In einer zweiten Schüssel Mehl, Salz und Natron mit dem Schneebesen verrühren und zur Buttermischung geben. Alles zu einem weichen Teig verrühren (Seite 18).

3

Den Backofen auf 170° vorheizen. Die Cornflakes mit den Handballen grob zerdrücken und nacheinander mit den Haferflocken und den Kokosraspeln in den Teig streuen und unterrühren.

4

Das Backblech mit Backpapier auslegen. Den Teig mit einem Eßlöffel portionsweise abstechen, zu Kugeln formen und auf das Blech geben. Die Kugeln sollten 8 cm Abstand voneinander haben.

5

Die Cookies im Backofen (Mitte, Umluft 160°) 15 Minuten backen, bis die Ränder hellbraun sind. Die Cookies auf dem Blech auskühlen lassen.

S'mores-Cookies

Herb-süßer Schokoladenteig mit Butter-keksen verfeinert.

Für Kinder

Zutaten für etwa 35 Cookies:
280 g Zucker
15 g Zuckerrübensirup
225 g weiche Butter
2 Eier
375 g Mehl
1 Teel. Salz
1 Teel. Natron
50 g Butterkeks
250 g Zartbitter-Schokolade
50 g Mini-Marshmallows (siehe Seite 34)

• Zubereitungszeit: 40 Minuten
• Backzeit: 15 Minuten pro Blech

Bei 35 Stück pro Stück etwa:
690 kJ/165 kcal

Falls Sie keine Mini-Marshmallows be-kommen: Ein normaler Marshmallow, in Viertel geschnitten, ergibt die gleiche Menge wie 4 Mini-Marshmallows.

1

Den Zucker und den Zuckerrübensirup in einer Rührschüssel zuerst mit dem Handrührgerät, dann mit den Fingern so lange vermischen, bis keine Klumpen mehr vorhanden sind. Die weiche But-ter unterrühren (Seite 18). Die Eier nacheinander unterrühren.

2

In einer zweiten Schüssel Mehl, Salz und Natron mit dem Schneebesen verrühren und zur Buttermischung geben. Alles zu einem weichen Teig verrühren (Seite 18).

3

Den Backofen auf 180° vorheizen. Die Butterkekse mit einem Mörser oder mit den Händen zu grobem Pulver zerklei-nern. Zartbitter-Schokolade in kleine Stücke schneiden. Beides unter den Teig rühren.

4

Das Backblech mit Backpapier auslegen. Den Teig mit einem Eßlöffel portions-weise abstechen, zu kleinen Kugeln for-men und im Abstand von 8 cm auf das Blech geben.

5

Die Cookies im Backofen (Mitte, Um-luft 160°) 12 Minuten backen. Das Blech herausnehmen, 3–4 Marshmallows auf jedes Cookie drücken. Die Cookies noch weitere 8–10 Minuten backen, bis die Marshmallows zur Hälfte geschmolzen sind. Die Cookies auf dem Blech ab-kühlen lassen.

Zutaten

Die Hausfrau in Amerika verwendet zum Teil Zutaten, die es bei uns nicht gibt. Wir haben deshalb Ersatz angegeben, den es in gut sortierten Lebensmittelgeschäften gibt.

Zucker (rechts oben)
Die meisten US-Original-Rezepte schreiben die Verwendung von braunem Zucker vor, der in Amerika aber aus normalem weißem Zucker besteht, der mit Melasse versetzt wird, um ihm Farbe und Geschmack zu geben. Der bei uns erhältliche braune Zucker aus Zuckerrohr ist viel süßer und schmeckt anders. Wir haben die Zuckermengen deshalb entsprechend reduziert. Außerdem empfehlen wir, den weißen Zucker mit Zuckerrübensirup zu mischen (Seite 18), weil der Geschmack dem von amerikanischem braunen Zucker dann sehr nahekommt.

Vanillepulver (Mitte)
In den Staaten wird meist zuckerloses Vanillepulver verwendet. Es ist bei uns im Reformhaus oder Bioladen zu bekommen. Bitte auf keinen Fall Vanillezucker verwenden, weil die Cookies sonst viel zu süß werden!

Natron
Früher wurde statt Backpulver häufig Natron verwendet. Es verhält sich anders und darf deshalb für Cookies nicht durch einfaches Backpulver ersetzt werden. Sie bekommen Natron in Apotheken.

Marshmallows (links unten)
Die pappsüßen Zuckerbäusche sind ganz typisch für Amerika. Inzwischen werden sie auch bei uns von den meisten großen Lebensmittelketten geführt. Auf jeden Fall bekommen Sie Marshmallows im Feinkosthandel.

Schokolade
Das in Amerika üblicherweise zum Backen verwendete »unsweetened chocolate« ist ohne Zucker gemacht, bei uns aber leider nicht erhältlich. Wir haben in diesen Rezepten deshalb gesüßte Schokolade (in der Regel Zartbitter) verwendet und die Zuckermengen gegenüber den Originalrezepten etwas zurückgenommen. Wir empfehlen Marken-Schokolade, denn je besser (und deshalb leider auch teurer) die verwendete Schokolade, desto besser schmecken auch die fertigen Cookies.

Macadamianüsse (rechts unten)
Diese exotischen, süßen und ungeheuer nahrhaften Nüsse werden vor allem auf Hawaii angebaut und sind bei uns im Feinkostladen zu bekommen. Sie sollten bald nach dem Öffnen der luftdichten Verpackung verwendet werden, da sie sonst ihr typisches Aroma verlieren.

Rice Crispies (links oben)
Mit dem Siegeszug der Frühstücks-Cerealien ist dieses aus Reiskörnern gewonnene luftig-leichte Knusperprodukt auch in Deutschland überall im Lebensmittelhandel erhältlich. Der Puffreis verleiht einem Cookie Volumen ohne Masse und hat kaum Kalorien.